中国财富收藏鉴识讲堂

姚泽民讲文玩核桃

姚泽民◎编著

中国财富出版社

图书在版编目（CIP）数据

姚泽民讲文玩核桃 / 姚泽民编著 . —北京：中国财富出版社，2018.7
（中国财富收藏鉴识讲堂）
ISBN 978-7-5047-6693-9

I.①姚…　II.①姚…　III.①核桃 – 手工艺品 – 收藏　②核桃 – 手工艺品 – 鉴赏
IV.① G262.9

中国版本图书馆 CIP 数据核字（2018）第 130713 号

| 策划编辑 | 刘瑞彩 | 责任编辑 | 齐惠民　李小红 | | |
| 责任印制 | 梁　凡 | 责任校对 | 孙会香　张营营 | 责任发行 | 张红燕 |

出版发行　中国财富出版社

社　　址　北京市丰台区南四环四路 188 号 5 区 20 楼　　邮政编码　100070

电　　话　010-52227588 转 2048 / 2028（发行部）　　010-52227588 转 321（总编室）
　　　　　010-68589540（读者服务部）　　　　　　　　010-52227588 转 305（质检部）

网　　址　http://www.cfpress.com.cn

经　　销　新华书店

印　　刷　北京京都六环印刷厂

书　　号　ISBN 978-7-5047-6693-9 / G · 0703

开　　本　787mm×1092mm　1/24　　　　　版　　次　2019 年 1 月第 1 版

印　　张　5.25　　　　　　　　　　　　　　印　　次　2019 年 1 月第 1 次印刷

字　　数　86 千字　　　　　　　　　　　　定　　价　58.00 元

前言

中华民族是世界上最热爱收藏的民族。我国历史上有过多次收藏热，概括起来大约有五次：第一次是北宋时期；第二次是晚明时期；第三次是康乾盛世；第四次是晚清民国时期；第五次则是当今盛世。收藏对于我们来说，已不再仅仅是捡便宜的快乐、拥有财富的快乐，它还能带给我们艺术的享受和精神的追求。收藏，俨然已经成为人们的一种生活方式。

收藏是一种乐趣，但更是一门学问。收藏需要量力而行，收藏需要戒除贪婪，收藏不能轻信故事。然而，收藏最重要的依然是知识储备。鉴于此，姚泽民工作室联合中国财富出版社编辑出版了这套"中国财富收藏鉴识讲堂"丛书。当前，收藏鉴赏书籍层出不穷，可谓玉石杂糅。因此，我们这套丛书在强调实用性和可操作性的基础上，更加强调权威性，并为广大收藏爱好者提供最直接、最实在的帮助。这套丛书的作者，均是目前活跃在收藏鉴定界或央视《鉴宝》《一槌定音》等电视栏目的权威鉴宝专家。他们不仅是收藏家、鉴赏家，更是研究员和学者教授，其著述通俗易懂而又逻辑缜密。不管你是初涉收藏的爱好者，还是资深收藏家，都能从这套丛书中汲取知识营养，从而使自己真正享受到收藏的乐趣。

本书作者姚泽民先生，历任旅游卫视《艺眼看世界》艺术顾问，CCTV（中国中央电视台）老故事频道《艺术之乡》制片人，CCTV 中国影响力频道《泽民说画》栏目特约评论家、主持人，中国教育电视台《艺术中国》栏目制片人、运营总监，广东卫视《中国大画家》栏目特约顾问，《财富与人生》杂志特约主编，《神州》杂志专题部主任，北京师范大学中国易学文化研究院书画研究中心秘书长，化学工业出版社"跟名家学画"系列丛书编委会主任等。

该书是作者研究文玩核桃之力作。书中重点介绍了文玩核桃的分类与产地，对如何鉴别、挑选与保养文玩核桃的讲解，可谓生动新颖而又深入浅出，对于文玩核桃收藏家、爱好者以及核雕研究者均有极大的帮助。

姚泽民工作室

2018 年 1 月

目录

第一章　文玩核桃的历史渊源

老核桃

　　"文人玩核桃，武人转铁球，富人揣葫芦，闲人

去遛狗。"文玩核桃，即源于此。

四座楼狮子头

文玩核桃起源于汉隋，流行于唐宋，盛行于明清。清朝是文玩核桃的鼎盛时期，文玩核桃玩家大多聚集在当时的"八旗一条街"，也就是今天前门大栅栏一带，都是些不用为一日三餐而忙碌的人。当时，团核桃分两种：文玩和雅玩，雅玩是文玩的

连体核桃

更高层次。北京有句老话，叫"玩意儿"，当时人们认为：文玩核桃至少也得盘上个8～10年，核桃包浆完美，碰撞之声如骨如牙金石之响，色泽细润如玉，才能称之为"玩意儿"。

双棒核桃

文玩核桃在历史长河中盛传不衰，形成了世界上独有的中国核桃文化。古往今来，上至帝王将相、才子佳人，下至官宦小吏、平民百姓，无不为拥有一对儿玲珑剔透、光亮如鉴的核桃而费尽心思又倍感自豪。明代天启皇帝朱由校不仅把玩核桃，而且还亲自

满天星狮子头

操刀雕刻核桃，故有"玩核桃遗忘国事，朱由校御案操刀"的野史流传于民间。清朝乾隆皇帝更是痴迷于文玩核桃，他不仅是文玩核桃的鉴赏大家，还特意赋诗赞美文玩核桃："掌上旋日月，时光欲倒流。周身气血涌，何年是白头？"

鸡心

到了清代末年，文玩核桃更是备受青睐。拥有一对儿上好的文玩核桃竟然成了身份、身价和品位、地位的象征。当时京城曾流传"贝勒手上三件宝：扳指、核桃、笼中鸟"。每逢皇上或皇后的生日，大臣们都挖空心思地挑选出精品文玩核桃作为祝寿贺礼，文玩核桃的价值地位由此可见一斑。

现在北京故宫博物院仍保存着十几对儿文玩核桃，其色泽为棕红色，分别存放在雕刻精美的紫檀木盒内，里面标有"某贝勒恭进""某亲王预备"的字样。

苹果园狮子头

楸子（异形）

狮子头

（老树南将石）

天然狮子头

第二章　文玩核桃的受宠原因

文玩核桃也叫"手疗核桃""健身核桃"，又称"掌珠"，古时还称为"揉手核桃"。文玩核桃之所以备受推崇，其原因主要有两个：①文玩核桃具有保健作用；②文玩核桃具有增值收藏价值。

一、文玩核桃具有保健作用

由于文玩核桃具有保健作用，因此民间流传着这样的歌谣："核桃不离手，能活八十九。超过乾隆爷，阎王叫不走。"中医研究表明，人体共有 12 条经络，其中 6 条排列在手指上。心脏、脑血管、胃肠、睡眠等 50 多个反射区、反射点、治疗点和穴位分布于掌心和掌背直到指尖，这些经络和穴位均与五脏六腑和肢体休戚相关，手之三阴和三阳经脉，把手和全身联系在一起。身体的任何不适，都可通过压扎等来刺激手掌相应反射区、反射点、治疗点、穴位得到缓解，发挥手疗防病治病的作用。

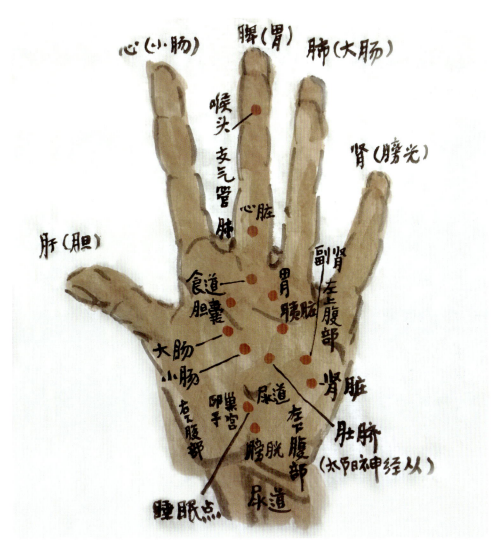

手掌穴位分布图

心（小肠）　脾（胃）　肺（大肠）

喉头
支气管
肺

肾（膀光）

肝（胆）

心脏

食道
胆囊

副肾
在上腹部

胃
胰脑

大肠
小肠

尿道

肾脏

巢宫
卵手

左下腹部

右下腹部

膀胱

肚脐
（太阳神经丛）

睡眠点

尿道

正所谓"十指连心"，通过把玩文玩核桃，可以刺激手掌中的穴位，从而调理人体的各个部位，起到通经脉、养脏腑、调虚实、定气血的功效。同时，据科学证明，把玩文玩核桃可以延缓人体衰老，对预防心血管疾病以及中风等大有裨益。尤其在生活节奏日益加快的今天，大多数人并没有专门的时间用于锻炼身体，而文玩核桃小巧玲珑、便于携带，经常把玩能起到舒筋活血、预防职业病的效果。因此，文玩核桃也被誉为"全世界最便宜的医疗器械"。

下面就为大家介绍一下文玩核桃的几种常见的把玩手法。

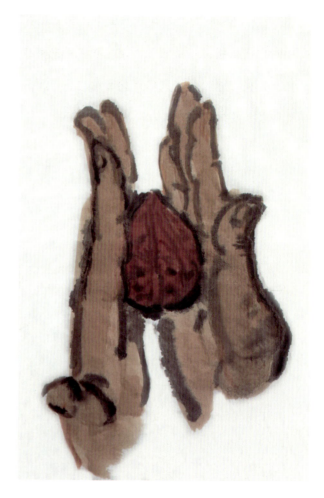

双手揉搓

搓： 把两个核桃分开置于手掌中，用无名指和小拇指固定住一个核桃，再用大拇指、食指和中指揉搓另一个核桃，使之在掌中来回滚动。也可分别用拇指、食指、无名指单独搓，以便在把玩时达到保健的目的，搓时不可用力过猛或过快，以免核桃滑落。千万不要让两只核桃发生碰撞，以免损伤核桃。

搓

搓

揉：将文玩核桃置于手掌中，手指用力，使两个核桃在掌心逆时针旋转，旋转时，两只核桃不要发生碰撞，以免造成核桃损伤。

揉

揉

压：可一手一个核桃分开压或一手两个核桃一起压。把核桃置于掌心，四指并拢弯曲下落用力压手心，此法宜快，循环往复，不拘次数。

压

扎：用核桃的尖部刺激手的重要部位或穴位，这就要求核桃必须有钝尖，如虎头、鸡心、楸子类核桃比较合适，若能对手上的穴位和反射点有针对性地压，保健效果会更明显。

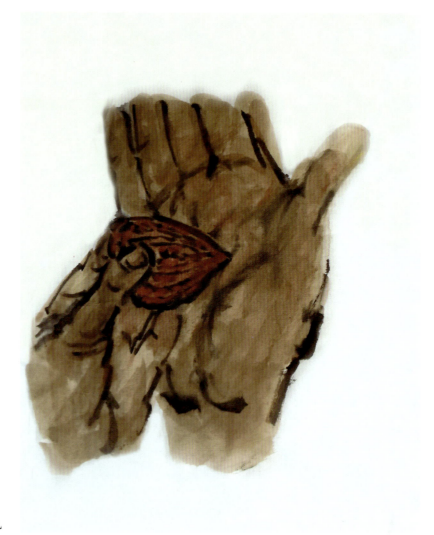

扎

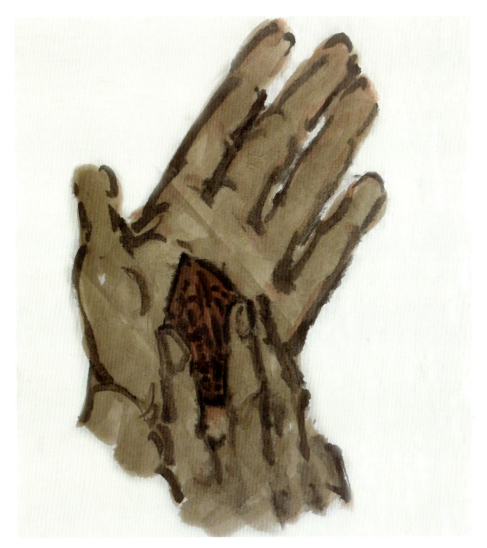

扎

二、文玩核桃具有增值收藏价值

文玩核桃不仅具有手疗保健价值，还有经济收藏价值。随着把玩时间的推移，文玩核桃会出现颜色的变化，形成包浆，其经济价值会得到很大的提升。经过把玩的文玩核桃，从刚开始的几百元、几千元、几万元，增值到几千元、几万元甚至几十万元。在中央电视台某鉴宝节目中，乾隆皇帝曾经把玩过的一对儿核桃，专家给出的参考价格为 17 万元。2013 年，一对儿三棱文玩核桃甚至拍到了 36 万元的高价，更是让文玩核桃的市场价格水涨船高。

当然，并不是所有的核桃都可以用来收藏和增值。只有经过长期盘玩，形成包浆和挂瓷的文玩核桃，才具有保值增值的价值。如果新购得的文玩核桃被束之高阁，核桃不但不会升值，甚至还有可能受市场行情的影响，出现价格下跌的现象。总之，文玩核桃一定要经常把玩，只有经过把玩的文玩核桃才具有收藏价值。

第三章　文玩核桃的产地

核桃在我国分布广泛，北至黑龙江，南达云南、贵州，西至新疆，东到山东、辽宁，全国绝大部分区域都有核桃的生产。而符合文玩标准的核桃，主要还是产自华北、西北、东北及西南。其中，北京、河北、天津、山西等地的文玩核桃品质最为突出，这些地方的气候、环境有利于文玩核桃的种植生长，因此成为传统优良品种的产地。

纯野生狮子头（底部）

西北地区的核桃产地主要包括陕西、甘肃、宁夏、新疆等地。其中陕西秦岭主要出产灯笼等秋核桃，个头儿大，外形饱满，毛刺多，产量也高，以久负盛名的"核桃之乡"——商洛地区最具有代表性；陕西其他地区还出产官帽等品种，个头儿偏大，外形、皮质与北京等地的官帽区别较大。新疆的部分山区出产野生的山核桃，也属于秋核桃品

公子帽

鸡心

种，但品质一般。甘肃、宁夏的情况也差不多。

与上述西北地区相比，山西的核桃品种倒是可圈可点。例如山西的公子帽、官帽、狮子头都是传统的优良品种，尤其是靠近河北山区出产的核桃品质较好。

东北地区的黑龙江、吉林、辽宁主要出产秋核桃。相比而言，吉林的核桃产量高，品质也相对好一些。实际上东北的核桃木材比核桃更有名，我们知道的"秋子木"，就是不结核桃果的核桃木，因其质地坚硬，纹路美观，大部分用来做家具的腿。

西南地区主要出产铁核桃，文玩的老铁主要集中在云南。这些老铁大多数生长在云南的原始森林中，纯净无污染，没有经过任何现代科技的加工改良。老铁如同不争不抢的君子，始终保持本色，隐身于山林之中，笑看尘世浮华。

前文中曾提到文玩核桃最好的品种主要集中在北京、天津、河北的山区，下面列举几个著名的产地及出产的优良品种。

一、北京平谷

平谷自古以来就是文玩核桃的主产区，它位于文玩核桃的主要城市北京和天津之间，距离较近，便于核桃流通。业界闻名的老树闷尖狮子头，也就是我们讲的四座楼，就产自于平谷，我们看到的许多百年精品狮子头，都出自于这棵树（现在该树已经死了）。由于嫁接技术的发展，已经有嫁接品种出现（嫁接的也被称为四座楼），但外形与老树还是有一些区别的，并且核桃的品相也缺乏老树核桃的韵味。市场上所见到的平谷狮子头主要特征是皮质坚硬、纹路好、大肚、大底座。另外平谷的官帽也是很著名的，符合传统核桃的外形标准。由于平谷官帽基本上是野生的，所以产量不高，个头儿也不大。

楸子（雕刻）

核雕

（降龙伏虎）

二、北京门头沟

门头沟也是北京主要的核桃产地，虽然产量不高，但优良品种却很多，主要以狮子头、虎头等为主。由于气候、土壤非常适宜种植核桃，从 2008 年起在门头沟就出现了大量的嫁接核桃。门头沟土生土长的人是最懂得文玩核桃价值的，就连山里的农民几乎都能头头是道地聊上几句。正是由于当地人对核桃价值的认知程度普遍较高，因此嫁接核桃的看护成了很重要的问题。门头沟的闷尖狮子头已经绝迹，与平谷闷尖相比，门头沟的闷尖狮子头，更具有诗意，颜色更红润漂亮，底座呈菊花纹路，脐部小，外形也非常矮。

鸡心

三、天津蓟县和宝坻

　　蓟县是天津核桃的主产地，这里也是 2010 年嫁接核桃的主产地，著名的核桃品种层出不穷。蓟县核桃外形粗犷优美，纹路清晰，由于在地域上与北京的平谷相邻，核桃的特征也有所相似。传统的蓟县盘山公子帽是最著名的，人们所说的盘山公子帽（包括

鸡心

三棱公子帽），通常指的是老孙家的公子帽，笔者认为称之为"蓟县公子帽"更为恰当。另外，马老四的狮子头、黄崖关的虎头也都是比较有名的。由于品种繁多，还有几种狮子头品种就不在这里详细介绍了。

宝坻种植品种涵盖了市场上最受欢迎的"京八对""四座楼闷尖狮子头""三道金""灯笼狮子头""满天星""麒麟狮子头""宝地八棱""流星雨"等 15 个品种。

楸子（双瓣）

四、河北涞水

涞水注定要成为影响中国文玩核桃市场的最重要产区，由于这里的土壤、气候非常适于种植文玩核桃，早在十几年前就有有识之士开始在这片土地上酝酿种植文玩核桃。截至 2012 年，这里就已经形成了以石亭镇色树村和娄村乡南安庄、虎过庄、西安庄、

狮子头（左）、虎头（右）

太平庄、长安庄为中心的全国最大的文玩核桃种植基地。嫁接核桃一万余棵，麦穗虎头、白狮子头、涞水公子帽都是这个地区的品种。其中石亭镇色树村更是全村人民都在种植麻核桃，邻村常安庄甚至还形成了以常安庄麻核桃基地为中心的完整产业链。河北涞水也因此在近年来的文玩核桃市场上大放异彩。

铁核桃

五、河北承德

承德也是传统文玩核桃的主要产地，但近几年可能由于产量的原因有些被忽略了。

鸡心（三棱）

承德出产狮子头、公子帽等优良品种。这里的狮子头底座大、外形矮、肚大、纹路稍浅，个头儿大的较少。传统上，承德公子帽也比较有名，但近几年市面上非常少见。

楸子（异形）

六、河北张家口

张家口野生山核桃众多，由于交通不方便，很少有人认知和发现，因此这里具有巨大的发展潜力。张家口最为有名的就是涿鹿县的南将石狮子头，其外形粗犷，纹路美观细致，大扣底，菱形脐，四瓣嘴，特征明显，但产量稀少，是近几年来非常火热的品种。此外，涿鹿县还出产虎头和其他品种的狮子头，品质都非常优异，但认知度不高。

鸡心

第四章　文玩核桃的主要分类

据不完全统计，文玩核桃目前有 6 个系列，100 多个品种。笔者调查采访发现，其中有 20 余种形状古朴、色泽深沉、纹路清晰、棱角突出的文玩核桃深受人们的青睐。

文玩核桃的分类方法有很多，见仁见智，主要从以下几个方面进行分类：①按生长地区分：华北核桃、西北核桃、东北核桃、西南核桃；②按生长条件分：野生核桃、嫁接核桃；③按品种分：麻核桃、楸子、铁核桃等；④按棱分：两棱核桃、三棱核桃、四棱核桃、五棱核桃等；⑤按纹路分：粗纹核桃、细纹核桃、深纹核桃、浅纹核桃、点状纹核桃、块状纹核桃、线状纹核桃、片状纹核桃、网状纹核桃、水龙纹核桃等；⑥按高矮分：高桩核桃、矮桩核桃；⑦按边分：大边核桃、小边核桃、厚边核桃、薄边核桃等；⑧按尖分：闷尖核桃、大尖核桃；⑨按畸形分：两连体核桃、三连体核桃、鹰嘴核桃、佛肚核桃、观音肚核桃、雏鸟核桃、鸳鸯核桃等；⑩按年代分：老核桃（一般 30～50 年以前开始把玩的核桃称为老核桃）、新核桃。

一般所说的文玩核桃大致分为五种：麻核桃、铁核桃、楸子、异形、核雕。

一、麻核桃

我们大家一般说到的"四大名核（狮子头核桃、虎头核桃、官帽核桃、公子帽核桃）"

都属麻核桃的范畴，麻核桃的主要品种有：狮子头、虎头、官帽、公子帽、鸡心、罗汉头，等等。其产地主要分布在河北、天津、山西和北京的部分山区。由于麻核桃在个、色、形、质等方面已经达到了很高的标准，而且由于野生核桃产量稀少，古往今来，麻核桃始终是人们争相追逐和收藏的对象。麻核桃的市场价格，一般在几百元至几千元不等，有的高达几万元甚至几十万元。而且由于野生树种的减少，品种好的麻核桃，其价格呈逐年飞速上涨趋势，这样也就增加了人们把玩和收藏它的热度。狮子头在麻核桃当中算是品种最好的，是大家都比较喜欢的形状，其中又以闷尖、矮桩、大底座、水龙纹和边宽在 4.5cm 以上的老款狮子头最为罕见，具有极高的收藏价值。还有一些异形的麻核桃也是弥足珍贵的，如三棱狮子头（俗称大奔）等。

1. 狮子头

狮子头核桃是"四大名核"之首，也是文玩核桃中的珍品。所谓狮子头是根据核桃长的形状命名的，如果把狮子头核桃倒过来看，核桃的纹路如同旧时衙门门前石狮子的鬃毛，因此被称为狮子头。

狮子头核桃的纹路呈点网结合状，两棱角下垂。核桃尖小而钝，尾紧而方，棱条宽而正，色泽黄橙，上浆快，挂瓷也快，搓揉手感极好。大多数为双棱，有粗纹、细纹和高桩、矮桩之分，如果是三棱或四棱，那更是珍品中的珍品。

狮子头

狮子头（对歪）

狮子头核桃的产地主要集中在京津冀三地。狮子头核桃外形圆润，把玩舒适，重量适宜，皮质和纹路都是上等，成器性强，在古代就受到王宫贵胄们的青睐，长久以来受到无数玩家的追捧，是历史上的名品。好的狮子头经过多年的盘玩，晶莹剔透，堪称玩物中的上品。曾有文人这样赞誉狮子头核桃："温润如君子，敦厚似贤士，矮短亦侏儒，脱尘是纳子"。现在能见到的最早的狮子头核桃当数故宫里珍藏的乾隆爷曾把玩的两对，距今约有400年的历史。

狮子头核桃中最为出色的是矮桩闷尖狮子头，主要缘于其外形好、手感佳、产量低。在过去，矮桩闷尖狮子头其实是一个狮子头系列的总称，而并非像现在所说的是一个独立的品种。我们常见的老款狮子头、闷尖狮子头、平顶狮子头、磨盘狮子头、四座楼狮子头、元宝狮子头、苹果园狮子头全部统称为矮桩闷尖狮子头。在这些当中，成色最好的是老款狮子头，其纹路漂亮，皮质密度大，手头沉，边厚耳小肚大底平，外形和圆最为相近。而其他的品种无论是皮质、密度和手头的质感都略逊于老款狮子头，边薄耳大，底座微凹，肚子略小（肚径小于边径，老款狮子头肚径大多数大于或等于边径），桩型更矮，外形接近椭圆形或扁窝形。

苹果园狮子头

苹果园狮子头是按其形状命名的核桃。原产地在北京门头沟王坪村附近的山上，离王坪村约有8公里的山路。这种苹果园核桃的青皮较薄，纹路深、粗，底和顶较平，皮

苹果园三棱狮子头

质较好，皮色发红，上手后容易着色。苹果园狮子头的老树早在几年前就已被人为砍伐殆尽了，现在的苹果园狮子头都是嫁接的。

四座楼狮子头

四座楼狮子头是按照产地命名的核桃，此品种核桃产于北京平谷四座楼山附近。最早只有一棵老树，生长在四座楼山附近一个名叫牛谷的山沟里，后来老树的码子被核农嫁接成活后，老树被人为毁掉。四座楼核桃的形状较为规整，边、肚、高的比例较为接近，端肩，平底，厚边，纹路清晰、规律、有序，给人一种苍劲古朴的感觉，是狮子头中的佳品，深受核友们的喜爱，由于数量较少，其价格也比较昂贵。

纯天然狮子头

狮子头（异形）

满天星狮子头

满天星狮子头是按其纹路的特点命名的。这种核桃的野生树生长于北京远郊的百花山风景区，后来被毁，现在河北涞水县产的满天星都是嫁接的品种。满天星狮子头的形状较为规整，大尖，厚边，凹底，纹路没有规律、杂乱无章，核桃的表面呈小疙瘩状密集相连，犹如夜空中的星星，因此被核农称为满天星。满天星狮子头也是近年嫁接出来的新品种，目前的数量不是很多。

满天星狮子头

盘龙纹狮子头

盘龙纹狮子头是根据其纹路命名的核桃。这种核桃是老品种，原名叫矮桩宽边细纹狮子头，产地在山西。盘龙纹狮子头肚扁，边宽，底边的两端各有一个大耳朵，形状优美、雅致，酷似古代的端庄仕女，婀娜多姿；纹路细腻秀美，宛如江南园林，曲径通幽，是广大核友喜爱的一种高档核桃。

盘龙纹狮子头

南将石狮子头

南将石狮子头是以产地命名的核桃，此品种核桃产于河北涿鹿南将石村，有老树南将石和嫁接南将石两个品种。南将石核桃是成名较早、认知度较高、流传较广的把玩核桃，其皮

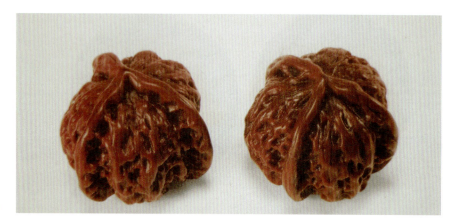

狮子头（三棱）

蛤蟆头

质好、密度大、分量重、边厚、纹路粗、凹底、十字尖，给人一种庄重伟岸的感觉，是狮子头中的上品，深受核友们的喜爱，由于受到大家的追捧，其价格一直居高不下。

磨盘狮子头

磨盘狮子头是根据它的形状特点命名的。这种核桃的野生树产地在河北涞水，磨盘狮子头形似磨盘，小尖、小边、纹路漂亮但较浅、密度大、分量重、皮质好、上手易红，深受大家的青睐。目前，磨盘狮子头已被嫁接，嫁接后的磨盘桩高，质量和形状也没有野生的好。

磨盘狮子头

元宝狮子头

元宝狮子头是按其形状特点命名的，此核桃的野生树生长在北京平谷。元宝狮子头的形状较为规整，小尖、小边、平底、纹路相对较浅、密度大、分量重、皮质好，上手易红。从侧面看，犹如古代的元宝，所以被前人称作元宝狮子头。元宝狮子头数量稀少，目前是否已经被嫁接还不清楚。

白狮子头

白狮子头是根据它的皮色命名的核桃，产自河北涞水县，是核农前两年嫁接的新品

白狮子头

种。由于嫁接的第一年果实还没有熟透，核农剥开皮后看到核桃是白色的，所以就称之为白狮子头。白狮子头的特点是桩矮、大凹底、顶部有小凸尖、端肩、粗纹、厚边、分量重、皮质好、形状周正、颜色发红、容易上色，是狮子头中的好品种。

红狮子头

红狮子头也是根据它的皮色命名的核桃，产地在河北，是核农最近几年嫁接的新品种。由于这种嫁接核桃皮质好，上手就红，所以核农称之为红狮子头。红狮子头的特点是桩高、平底、纹路深浅一般、形状周正、颜色发红、容易上色，是狮子头中的新品种。

2. 虎头

虎头核桃位列"四大名核"之二，也是文玩核桃中的珍品。所谓虎头来源于核桃的形状，当把虎头核桃倒过来看时，核桃纹路的形状酷似老虎的头，故而得名虎头核桃。

虎头核桃的特点是桩高、凸起大、分布均匀、棱条宽而直、纹路以点网状为主、上色快、挂瓷快、色泽以深咖啡为主。虎头核桃是手疗及微雕核桃的佳品。虎头核桃产地集中在京津冀三地，主要有北京昌平区、房山区，天津西部、蓟县，河北涞水和山西等地。

3. 官帽

官帽核桃位列"四大名核"之三，也是文玩核桃中的上品。所谓官帽是以核桃的形状命名的，核桃纹路的形状仿佛古代官员的官帽，因此被称为官帽核桃。

官帽核桃的边一般来说都比较大，且比较薄。官帽核桃的边从正面看偏瘦、偏窄，

官帽

从尖部向下的坡度较大，向下的趋势较明显，核桃的边宽比高度要小。

　　官帽核桃的产地主要分布在河北、天津、山西和北京的部分山区。由于其在个、色、形、质等方面已经达到了很高的标准，而且野生核桃产量稀少，古往今来，就成为了人们争相追逐和收藏的对象。

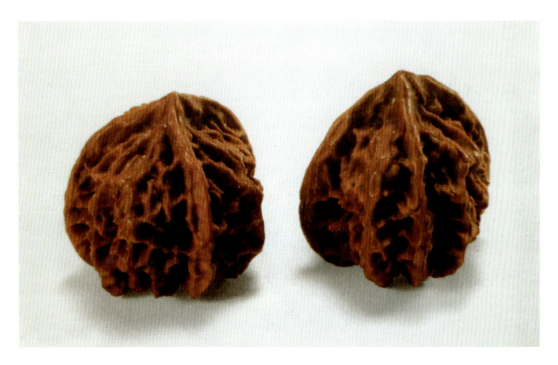

官帽（三棱）

4. 公子帽

"四大名核"的最后一位就是公子帽核桃。由于它双棱高，形状低矮，放于掌中端详，形似京剧中书生相公戴的帽子，也称相公帽。明清时期为核桃中的极品，被王公贵族所垄断。

随着时代的发展，人们的审美情趣也发生了变化，这一品种已大众化。但公子帽因其形状规整、色泽红润，以及上浆、挂瓷速度快，仍深受玩家们的推崇。公子帽主要分布在北京的西北和河北的涞水、易县、承德等地。

盘山公子帽

盘山公子帽是按产地命名的核桃，这种核桃的野生树产于天津蓟县的盘山地区。盘山公子帽的纹路深、花纹漂亮、密度大、分量重，最大的特点是皮质好、上手易红，揉出的颜色非常鲜艳，尤其是三棱盘山公子帽更为出色，深受众多核桃爱好者的追捧。目前，盘山公子帽已被嫁接。

崔凯公子帽

崔凯公子帽产自河北涿鹿，是以人名来命名的核桃。据说这种核桃是由涞水常安庄的崔凯最先发现、嫁接并推广的。此品种核桃个儿大、边大、形状漂亮、纹路浅、密度小、分量轻、皮质好、上手易红。

老型公子帽

老型公子帽核桃的名字来源于传统的野生公子帽，产自河北涿鹿，目前已被嫁接。

公子帽

此品种核桃个儿大、边大、尖大、纹路深、形状好看、皮质好、上手易红。

公子帽与官帽相比有三点不同：一是公子帽的顶高而尖，就像汉字"公"，而官帽的顶相对来讲没有那么尖，接近汉字"官"；二是公子帽的底不是平的，两边有耳朵，官帽的底则是平的；三是官帽的肚比公子帽的肚要宽。

由于官帽核桃的顶部相对来说比较圆滑，底部大而平，坐地稳当。基于这些特点，在业界流传着这样一句话："官帽在手，要啥啥有"，寓意当官不要太出风头，要圆滑，要四平八稳才能长久。

公子帽核桃的顶部突起，有明显的大尖，底部有两个耳朵，坐地不稳。根据它的这些特征，人们常用公子帽来形容皇亲贵族、达官富人、豪门深院家的公子，寓意公子哥们爱出风头，处事不够稳重，有很强的优越感。

5. 鸡心

鸡心核桃就是因为这种核桃的形状长得像鸡的心脏而得名。鸡心核桃是文玩核桃

鸡心

中的一个重要品种，深受大众的喜爱。鸡心核桃较为常见，在京郊、冀、晋等地均有产出。

　　鸡心核桃的纹路多为网状，纹理大而疏，顶较钝，底大而平，有的地方也产密纹的鸡心核桃，但不多见。曾有文人这样赞赏鸡心核桃："丽娴亦佳人，珠光欺宝玉。"鸡心核桃是文玩核桃中最具代表性且历史久远的品种之一，老人一般喜欢鸡心核桃，因为握着的手感比较舒服。在传世的老核桃中，老鸡心占有相当的比重。老鸡心多，说明老辈子的玩家手中鸡心核桃数量大。

鸡心（将军膀）

6. 桃心

桃心实际上也是鸡心的一种，很多人习惯把矮桩的鸡心称为桃心。桃心与鸡心的主要区别是在外形上：桃心的桩要比鸡心的矮，尖的颈部短，肚子比鸡心大，底部比鸡心大且平，也就是：桃心圆，鸡心长，所以桃心在外观上显得更漂亮、更敦实。二者之间的纹路区别不大，但桃心的皮质要比鸡心略好些。一般来讲，好的桃心要比鸡心有手感，分量重些。但桃心里也会有优劣等级，并不是说所有的桃心都是矮桩，也会出现形状不太漂亮的。

7. 罗汉头

罗汉头核桃是根据核桃的形状和纹路来命名的。罗汉头核桃形状以椭圆形为主，尖小棱低，形如和尚头；其纹路深且不规则、凹凸无序，符合罗汉那种桀骜不驯、我行我素、行善除恶的性格。罗汉头核桃桩高、尖小、皮质好、分量重、色泽深、声音脆而尖、上浆快、挂瓷快。因其尖小，在把玩中以搓揉为主，个头儿大者为上品。

罗汉头产自河北涞水，目前已被嫁接。但是由于罗汉头核桃长得比较难看，核农们基本上都不嫁接这个品种了，所以这个品种已经淡出玩家的视线。不过好的罗汉头也是很有价值的，而且有很大的升值空间。例如有一种罗汉头核桃，它的外形比较像鸡心，底部比较像帽子，纹理特殊，从底部看核桃被平均分成了四块。如果碰到这个品种的罗汉头核桃，一定不要轻易放过，因为这种核桃打对儿是很不容易的。

8. 灯笼

灯笼核桃因产地不同，有软硬两种。软灯笼原色是棕栗色的，很少有黄色的，其特点是：好盘，上色快，一两年就有模有样了。硬灯笼多产自于西北，本身呈浅黄色，很少有棕栗色的，相比之下需要盘得时间略长一些，由于它上色慢，盘个四五年，以至于灯笼都圆了，但颜色还是黄黄的，丝毫没有红的迹象。还有湖北产的硬灯笼，和西北的质地差不多，也是很难盘红，并且这种核桃身上毛刺较多，用力过猛易碎易折断，所以很费盘功。

灯笼的尖高且薄，极其容易损坏或折断，很多玩家盘出来的灯笼尖部大多都没有很好地保护下来。灯笼核桃个头儿不大、棱角多、扎手，属于最经济的文玩品种，适合新手入门。

二、铁核桃

铁核桃是我们在市场上比较常见的，其主要有：蛤蟆头、元宝、铁球、异形（三棱、四棱）等，但是外观上差距不是特别大。铁核桃的产地在我国分布比较广泛，而且产量也比较大。铁核桃的特点是纹路一般比较浅、尖比较小、个头儿比较大，因此适合刚接触核桃又不是很懂的朋友，相对价格比较便宜，而且不是很怕摔。虽然铁核桃的价格不高，但若是能把各种样子的铁核桃收集起来欣赏也别有一番乐趣。

铁核桃（双瓣）

铁核桃（三连体）

铁核桃

铁核桃（三棱）

铁核桃（四棱）

铁核桃（异形）

铁核桃

铁核桃

三、楸子

　　楸子的产量同铁核桃的情况一样，也比较大，主要品种有鸭子嘴儿、鸡嘴儿、子弹头儿、枣核，等等，其中还是异形的比较珍贵，如双连体、三棱、四棱，等等。

楸子（三棱）

楸子的产地在我国分布也比较广泛，主要是东北、河北、山西等地。楸子的特点在于造型多变、纹路深，出于健身的目的，老年人多喜爱楸子。当然楸子也有自身的收藏价值，一对儿各方面都比较出色的异形楸子也是价格不菲的。

楸子（三棱）

"双胞胎"核桃

楸子（三棱）

四、异形

异形核桃主要是指在自然的生长环境中外形发生变异的核桃，通常发生变异的核桃其树龄都在 25 年以上。在浙江跟安徽交界处有家核桃农户，是目前多棱、异形核桃产量最多的农户，那里都是树龄在 25 年以上的老树，从核农那里了解到，树龄越高核桃发生变异的机会越大。目前还无法通过人工技术使核桃发生变异，假如通过技术能改变核桃的外形，那么七棱、八棱的核桃就不会这么稀少了，价格也就不会这么贵了。

楸子（三棱）

通常野生的异形核桃个头儿不会很大，一般有双棒连体、鹰嘴、五湖四海、一统江湖、三棱、四棱、五棱、六棱、七棱、八棱。七棱、八棱是非常稀少的，一般都价格不菲，很有收藏价值。俗话说，"世人难见八棱果"。曾经有很多玩家想要收藏一组"八仙过海（就是一棱、二棱、三棱、四棱、五棱、六棱、七棱、八棱各一个）"，可大部分人收藏到六棱就放弃了。由此可见七棱、八棱核桃的罕见。

五、核雕

在中国古代桃木被称作"仙木"，是用途最为广泛的驱邪治鬼材料。桃木之所以具有这等神力，根植于古人认定桃树为百鬼所惧的神秘观念。由此，核桃也被赋予了这样的神秘魔力，人们认为手中时常把玩具有神秘力量的核桃，就能趋利避害。现在的核桃多为人们把玩，或收藏之物。

在玩核桃的圈子里流传着这样一句口头禅"不雕不贵，一雕翻倍"。核桃在被用来当作把玩之物的同时，还通过民间艺人的雕刻，成为备受玩家青睐的艺术珍品，艺人们在小小的核桃上雕刻出各种动物或人物的形象和图案，寄托美好的寓意，表达人们对未来的期盼和向往。核雕最早见于明代，早期的核材都是桃核，例如广为人知的《核舟记》，其材料便是桃核。到了明代后期至清乾隆年间逐渐出现了用橄榄核和核桃雕刻的花船或

"降龙伏虎"核雕

人物等核雕。

　　镂空核桃雕指民间艺人在雕刻核桃艺术品时，巧妙地利用植物果核上的纹理，经过揣形摹象，刻制出生动有趣的客观物象。植物果核一般体积小、纹理不规则、表皮薄而脆，核雕艺人凭借果核不规则的纹理使作品疏朗、剔透，主题集中，或人物亭阁，或鸟兽虫鱼，无不生动有趣。镂空核桃雕的镂刻是创作的最关键阶段，要求作者施刀的功力、线与面的处理以及各种造型手段的变化，都必须切实服从主题内容的需要，使意、形、

黑核桃

刀有机地融为一体。同时灵活运用冲、划、切、刮等刀法和浮雕、透雕等表现方式，以及具有丰富内涵的东方艺术语言，在造型的疏密虚实、方圆顿挫、粗细长短的交织和变奏中，表现精巧入微、玲珑剔透的艺术效果，使作品产生音乐般的韵律和感染力，成为珍品。

虎头核桃

　　核桃雕刻在世界范围内都属冷门，它不同于其他雕刻、绘画、木雕，人们可以随心所欲进行创作，核桃雕刻是一种在小不盈寸的特殊材料上，巧借自然，进行具象雕塑的艺术，讲究"毫厘之间，集大千世界之妙"。除此之外，核桃雕刻在选材方面也很重要，有时为了找到一颗和自己构思形状差不多的核桃，要找上几个麻袋的核桃才能挑选出来。

所以这小小的核桃雕刻确实彰显出中华民族传承已久的民间工艺技法，每件核桃工艺品都是雕刻家的心血凝结。

黑核桃核雕

第五章　文玩核桃的挑选

作为核桃的玩家最开始也是最重要的步骤就是核桃的选购，能够挑选出一对儿称心如意的好核桃是玩家们共同的追求。自古就有"百里难挑一，万中难成对"的说法，意思是一百个核桃里很难挑选出一个理想的，一万个核桃里面也难找到一对儿理想的。

其实，做到"六字诀""六不要"和"六面比"，便能挑选出一对儿称心如意的文玩核桃。

一、"六字诀"——听、形、个、尾、色、质

1. 听

"听"，就是指听核桃摇晃时发出的响声。拿起文玩核桃后，买家首先应该摇一摇，

鸡心

晃一晃，听听里面有无响声。如果有声音的话，就完全没必要再看下去了，因为这样的核桃已经骨肉分离了，不建议购买。

2. 形

　　"形"，即指核桃的形状，是选择核桃的第一要素，好的形状是手疗核桃的重要条件。人们大都喜欢圆形或椭圆形核桃，这种形状的核桃揉搓方便，压扎随意，旋转顺畅。

　　在选择中要注意正而不刻板，凸起大而不尖利，棱条宽而不弯曲。形状大小要因人而异，因手而异。

狮子头

楸子

核桃比较常见的形状有圆形、扁形、椭圆形、方形、长尖形、异形等，平时所说的狮子头、鸡心、官帽、公子帽、虎头、罗汉头等都是来源于核桃本身形状的具象化的名字。

"形"的另外一个方面是核桃的纹路。纹路主要可以分为三个方面：①纹路的深浅；②纹路的疏密；③纹路的分布状态，主要有片状、网状、块状、放射状、水龙纹状等，其中以水龙纹状品种的核桃最为难得。在选购文玩核桃的时候一定要注意两只核桃纹路的一致性（包括纹路的走向、主筋与副筋的位置等）。

3. 个

"个"，就是指核桃的大小或者说尺寸。一般来说，选购文玩核桃时应挑大小在35 ～ 44mm 之间（特指边的宽度）的，也就是说根据大家手的大小来挑选，当然特殊情况除外。但是从收藏或者保值的角度来说，文玩核桃的尺寸则是越大越好，一般来说，品种比较好的核桃其边宽超过 45mm 的就属于珍品了，价值自然也是非常高的。通常情况下，文玩核桃越大，价格越高，而且当核桃的边宽超过 40mm 时，即使大小仅相差 1mm，表现在价格上的差异也是非常大的。在选购文玩核桃的时候我们还要注意配对儿问题，要使两只核桃在边、肚、高等方面的大小基本上保持一致，方便的话还可以借助卡尺（一种专业量具）的帮助，两只核桃各方面的尺寸越接近越好。

公子帽

4. 尾

尾在核桃的揉搓和观赏中有着至关重要的作用。玩家中流传着"尾要紧，戳在手上能坐稳"的说法，意思是说选择时先要看尾部平不平，收得紧不紧，堵得严不严，堵得严才不会空尾。有人用胶水调上颜料堵住空尾，但效果不佳，因为这些化学颜料与核桃本身难以协调，时间长了胶水自然会脱落。

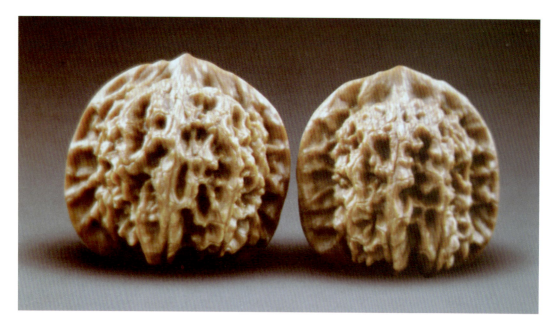

纯野生狮子头

5. 色

核桃的色要从自然色和人为着色两方面来说。

（1）自然色。

自然色就是指核桃本身的颜色，一般多为黄褐色。文玩核桃在后续的把玩过程当中，颜色会不断地发生变化，一般把玩 10 年左右的老核桃会呈现一种琥珀般的深枣红色，非常漂亮。

楸子（异形）

（2）人为着色。

一般来说，人们会用盐酸、双氧水、84消毒液等一些弱酸或弱碱性药水来给核桃着色，根据选用药水的不同，核桃也会呈现不同的颜色。人为着色通常是用来掩盖核桃下树后出现的一些颜色或皮质上的问题，核桃经过药水的着色，价值会大打折扣，而且对身体有害，基本上不具备收藏价值。

狮子头（左）、虎头（右）

6. 质

　　"质"，主要指核桃本身的质地，包括重量、表皮的厚度和密度、上色的快慢、木质的软硬程度等方面。从选购文玩核桃的角度出发，应该挑选重量大、皮厚、密度和木质软硬适中、上色快的核桃。如果这几方面都比较好的话，玩出来的老核桃在碰撞时会发出一种金石之声，皮质润如红玉，色泽如琥珀，赏心悦目。

铁核桃

在重量这个问题上，我们有时会遇到一些作假的行为。一般作假的方法都是将核桃的原脐儿抠掉，然后再把里面的核桃仁挖空，装入铅丝，灌胶，最后再将原脐儿补上，手法比较隐蔽。这种做法常见于一些品种比较好的嫁接核桃上，如用嫁接的鸡心或狮子头等核桃来冒充野生的文玩核桃出售（一般来说，野生的核桃相比嫁接的核桃重量大、表皮厚），以此来抬高价格。由于手法比较隐蔽，鉴别起来比较困难，请大家在购买的时候要格外留心。

二、"六不要"——不要阴皮、不要空尾、不要桃胶、不要缺损、不要凹陷、不要焦面

1. 不要阴皮

"阴皮"是文玩核桃最常见的一种现象，通常是指核桃因为外皮受了碰撞，青皮的果汁进入了核桃表层，形成局部或整体发黄、发黑。阴皮形成之后，极其轻微的，可以通过长期把玩使其隐退，变得看不出来；若是阴皮严重的话，那就很难揉过来了。阴皮对核桃外观的美感有很大影响，但并不影响皮质，如果核桃只有阴皮而其他方面都很好的话，只要价格合适还是值得考虑购买和收藏的。

有的阴皮核桃，在购买时看不出来，一旦上手或上油后，马上会表现出来，这是因

为核桃本身皮质不好（由于受伤、地闷等原因），当外皮干燥时极不明显，一旦遇湿遇油立刻就会发生变化。

狮子头

2. 不要空尾

由于核桃向来有"尾空命不长"的说法，所以核桃尾部不可有空洞，有的话会影响核桃寿命，这是把玩文玩核桃的大忌。

3. 不要桃胶

桃胶是核桃硬壳表面的一种疾病，这种病会影响核桃外壳的硬度，从而使核桃变质。

4. 不要缺损

核桃硬壳的外表不能有任何损坏伤残，只有这样才能称得上"玩意儿"。

5. 不要凹陷

核桃的整体不能发育不全，不能有凹陷，因为核桃的这种先天缺陷是无法挽回和补救的。

6. 不要焦面

　　核桃硬壳表面不可有焦面，因为焦面是无法后天去掉的，从而影响核桃的色泽。

黑核桃

三、"六面比"即"比六面"

正所谓"比六面,一碰脐",意思是说把两个核桃上下左右前后六个面分别从其形状、纹路、颜色、凸起、棱筋、尾脐六个方面进行比较,然后把两个核桃的尾脐碰在一起。若六个面都相似且尾脐相对严丝合缝,两个核桃便可成为配对儿佳品。

第六章　文玩核桃的保养

自古有"三分揉搓，七分保养"的说法，一对儿好的文玩核桃在把玩中如果不注意保养，好核桃也会变得毫无价值。如何保养文玩核桃，就是一个值得关注的问题了。保养不好就会造成核桃的开裂或损坏，使其价值大跌甚至报废，让人惋惜，所以保养是把玩过程中的重中之重。

　　从文玩核桃成熟到将其把玩成一件玲珑剔透的艺术品要经过四个阶段，即揉亮、揉红、揉滑、揉透明（上浆和挂瓷）。因核桃质地和结构不同，其所需时间也不一样。如果是夏天，因手汗多，成型时间会缩短，必须每天坚持搓揉2～3小时，更加注意保养和护理。

一、保养文玩核桃的必备工具

　　（1）短毛刷：清理核桃表面灰尘。

　　（2）长毛刷：清除褶皱深处污垢。

　　（3）剔针：剔除纹路里的核桃皮残留物。

　　（4）放大镜：观察核桃的清洁度和润滑状况，欣赏核桃天然成趣、如浪似波的艺术美感。

　　（5）游标卡尺：量出核桃体积，在收藏品中定位。

　　（6）橄榄油（核桃油）：橄榄油与核桃油的分子团小，渗透快，浸润深。当核桃密封

狮子头

官帽

保存时，可适量将橄榄油或核桃油涂抹于核桃表面，油会自然浸润到核桃皮深层，改变其颜色和亮度，防止风干，有助于核桃的尽快成型。

二、保养文玩核桃的注意事项

（1）如何清洗。

将新核桃放于清水中浸泡 2 ~ 4 小时，取出后用硬毛刷清理褶皱里的残留物。若残留物附着力强，可用比例为 1 : 200 的 84 消毒液浸泡两小时，再用硬毛刷清理。褶皱

鸡心

最深处，可借助放大镜用剔针剔除。

　　有人认为，核桃不应剔污或清洗，否则会损坏核桃的包浆，把玩会前功尽弃。笔者对此持反对意见。第一，剔污是必要的，但选择剔污工具是有讲究的。不要使用针或金属类工具去剔污，因为一铁一木，木必受损。最好选用普通的牙签剔污，木碰木既能清洁又不伤及。第二，如何看待刷洗问题。因为核桃把玩后，或多或少都会留下污垢，应时常清洁才对，这里并不提倡用水清洗，而是用毛刷"干洗"。应选择新的牙刷，将上半部分剪去，以保证牙刷的硬度，目的是将核桃纹路底部污垢彻底清除，其透亮程度会达到意想不到的效果。

楸子

（2）如何灭虫。

对新核桃消毒灭虫是不可缺少的程序，特别是国外进口的核桃，更要慎重。秋季，各种虫卵和有害生物会附着在核桃上，若不杀虫，条件成熟时虫卵变成虫，不仅会吃光核桃仁还会钻透坚硬的壳，所以核桃清理后要立即杀虫。可将核桃放在能封闭的容器内，用"枪手"或是"飞毛腿"等杀虫剂喷洒，而后将容器密封1小时即可。还可以将核桃放进冰箱的冷冻室冷冻2～3小时，不仅能杀成虫，卵也无法成活。

狮子头

（3）如何上油。

使用核桃油等来养护核桃是大多数玩家的选择，对于收藏的人来说，由于他们不可能把所有的藏品都揉出来，所以也有很多人用这种方式保护核桃。揉出来的核桃会有一层包浆来保护核桃，而没揉的核桃基本就是核桃的木质直接与空气对话了。尤其北方气候干燥，没有保护层的核桃在高温高湿的状况下，容易开裂，上油则可以有效地避免核

鸡心

桃由于季节、气温和气候问题受到损害。但是，把玩过两三个月的文玩核桃，千万不要再上油，因为这样会使底子变黑，看上去没有美感。

楸子

（4）如何上浆上色。

所谓"干手包浆，汗手上色"，对于干手的人来说，其把玩的核桃比较容易包浆，而汗手把玩的核桃则更容易上色。无论是干手还是汗手都没有关系，因为干手的人可以夏天多盘玩，汗手的人可以冬天多盘玩，取得的效果往往是一样的。

楸子

（5）防止核桃开裂。

开裂的原因有很多，主要有以下几个方面：新核桃阴干不彻底；用水清洗后没有阴干就直接上手；保存不力；外力损坏；个别品种天生爱裂，如：四川的铁核桃，等等。彻底开裂的核桃基本没有收藏把玩的价值。

鸡心

目前最常见的补救办法有两种，但都不理想，甚至是自欺欺人。一是直接涂抹502胶水；二是将核桃用清水浸湿后放置塑料袋内，一天后使其裂口自动愈合。但80%的核桃在日后把玩的过程中还是有重新开裂的可能，所以最好的办法还是预防核桃开裂。

鸡心

（6）防止核桃摔尖。

　　有的核桃尖很细，如鸡心、高桩狮子头、罗汉头、灯笼等品种。如果摔尖很轻微，无论新旧，对核桃都不会有影响。因为在剥核桃的青皮时，有的核桃的细尖容易被带下来，有的是在把玩的时候把尖摔了，当时看着明显，但是经过把玩后，尖部就会随着自然磨损变得圆润，一点儿也看不出来。但若是严重的摔尖，就不好补救了，所以最好的保护方法就是防止核桃在把玩中摔落，从而损坏尖部。

楸子

（7）给核桃安个"家"。

所谓安"家"，就是要避尘、避风雨，不玩时，将核桃放入盒子中或布袋内。有人说："把玩核桃如揉面一样，只揉面不醒面，则面不筋道；只醒不揉，则无味道。"因此，醒和揉要有机结合在一起，给核桃安个"家"越来越成为资深藏家的共识。

狮子头

（8）冬季如何把玩和保养文玩核桃。

冬季是核桃最容易出问题的季节，冬天屋里和屋外的温差和湿度差都比较大，因此，应该注意以下三点：①因为冬天核桃比较脆，尽量在衣兜里把玩，以免掉到地上，容易摔坏；②不玩时一定要把核桃放进塑料袋里，特别是在室内有暖气的情况下，如果不放进塑料袋里，核桃很容易裂；③核桃长期不玩时，应在核桃表面涂上一层油后，封入塑料袋内保存。

狮子头

（9）最好的保养就是每天盘玩。

在把玩核桃的过程中要用心和用力，但一定坚持不要碰、不要响、不要刮、不要摔的四项原则。

楸子

楸子（异形）

第七章　文玩核桃的收藏与投资

文玩核桃，近几年在文玩收藏界是尽人皆知、名气很大的，价格也在逐年上涨，一对儿品相好的名贵品种能卖到上万甚至几十万。

　　核桃，原名胡桃，又名羌桃、万岁子或长寿果。据《名医别录》记载："此果出自羌胡，汉时张骞出使西域，始得种还，移植秦中，渐及东土……"。张骞将其引进中原地区时，名叫"胡桃"。据史料记载，公元319年晋国大将军石勒占据中原，建立后赵。因其忌讳"胡"字，故将"胡桃"改名为"核桃"，此名延续至今。核桃大致分为能吃的绵核桃和不能吃的山核桃，人们把玩的大多是山核桃。

　　采摘下来的山核桃，需要经过长时间地把玩，才能成为一对儿玲珑剔透的文玩核桃，

狮子头

文玩核桃的真正乐趣就在"玩"字。核桃经过长期把玩，油脂和汗水浸透，手感如玉般温润，散发像红玛瑙般的光泽，一直深得古代文官的宠爱；而铁球代表着力量与阳刚，则深得武将的推崇。于是，民间一直流传着"文玩核桃武玩铁球"的说法。核桃之所以从古至今一直备受宠爱，不仅在于玲珑剔透的外表，因为手握核桃还有"执掌乾坤，一切尽在掌握"的深刻寓意。

　　不同的人，其投资收藏文玩核桃的方式也各不相同。核桃卖家多"包树"，买家多"赌青皮"。

对歪虎头

一、包树

　　每到核桃成熟的季节，就是商人们收购核桃最忙的时候。有实力的商贩都会到河北、山西、陕西等地"包树"。所谓"包树"，就是一下子买下整棵树上的核桃，买卖双方谈

公子帽

好单个果子的价格，数好个数，先掏钱，再摘核桃。由于结在树上的核桃包在果皮里面，看不到核桃的品相，因此包树有很大的风险，看走眼亏钱是常有的事。至于包树能否投资成功，凭借个人经验的同时也要靠运气。

官帽（三棱）

二、赌青皮

文玩核桃界的"赌青皮"犹如玉石界的"赌石",是文玩核桃的一种玩法。所谓"赌青皮",就是在一堆刚从树上摘下来的青皮核桃中,挑选尺寸、形状类似的两个凑对儿,

鸡心(雕刻"福禄万代")

先付钱，后开刀。剥出来的核桃，如果个头儿、品相、纹路俱佳，且适合配对儿就是赌赢了；如果皮质不好，配对儿不成功，那就赌输了。买家喜欢赌青皮多半抱着"捡漏儿"的心理，殊不知，青皮往往都是店家配对儿完挑剩下的核桃，要想靠赌青皮来收藏投资文玩核桃，其实并不可取。

楸子（双瓣）

核桃的收藏与投资和其他的文玩并不一样。最大的区别在于，别的文玩"以藏为主，把玩为辅"，而核桃则是在把玩中浸润，在把玩中收藏，在把玩中升值，这就是人们常说

狮子头

的"动态收藏"。而动态收藏的弊端是易磨损，很难保证品相。

在文玩核桃收藏界有种不成文的说法，叫作"玩好的，卖老的，藏少的，避小的"。

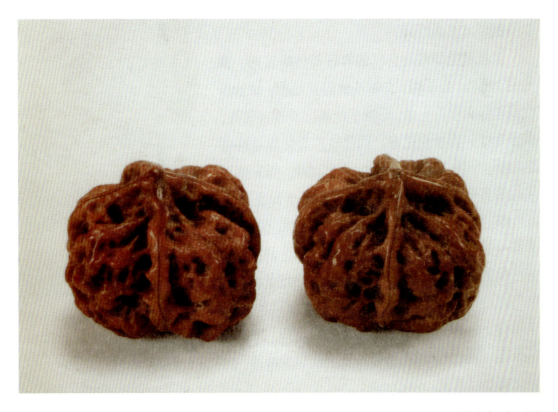

铁核桃（四棱）

（1）玩好的。

所谓"玩好的"，就是要把玩收藏文玩核桃中的"四大名核"，挑选精品和上品的核桃作为投资和收藏的对象。

（2）卖老的。

所谓"卖老的"，就是要把核桃揉到一定程度再出手，揉的时间越长，包浆就越好，其价格自然也就越高。

鸡心

（3）藏少的。

所谓"藏少的"，就是要投资收藏文玩核桃的主要代表品种，如果收藏核雕品种则要选择名人的作品以及雕工精湛的作品。俗话说"物以稀为贵"，收藏和投资文玩核桃也是如此——要藏珍品，收藏绝版。这样既可提高收藏品位，丰富收藏内容，又为以后核桃升值创造了条件。

核雕（招财进宝）

（4）避小的。

所谓"避小的"，则是文玩核桃收藏界的共识——"核桃要玩大的"。所以，收藏核桃不要选小的，要把"个头儿大"作为第一选择。

鸡心（鹰嘴）

核雕（降龙伏虎正、反面）

第八章　文玩核桃的专业术语

做： 人为的加工，如上色、修尖、补裂等。

白尖： 因核桃太嫩就摘了，有白尖。

筋儿： 核桃的棱翼。

偏： 核桃长歪了。

熟： 成熟的核桃，通常是白露前后摘果。

尖： 核桃尖，也有人称之为"咀"。

底儿： 核桃的底部叫底座，俗称底儿。

眼： 核桃的底孔，俗称"眼"，也有叫"脐"或"后门"的。

漏脐儿： 核桃底部脐儿里面的蒂干缩掉空后形成的空洞，是不好的品相。

封底： 用胶或者蜡油把底部的脐儿封起来，目的是阻止漏脐儿和促进核桃变色。

黄皮： 跟阴皮类似，也是皮色的一种缺陷，特点是在核桃表面凸起的地方突然呈现很浅的黄色，界限分明，而且即使揉了很长时间，其他部分的皮都变红了而黄皮部分却颜色不变，很不美观。

磨过底： 根据"站得住的核桃才是好核桃"的原则，核桃贩子把一些核桃底部的凸起部分磨去以便核桃站得起来。

缩了（抽了）： 核桃风干后变小的现象。由于害怕好核桃被别人打走，核桃贩子们会提前在九月甚至八月底就收核桃，核桃水分含量大，买回来后通常会在半年内缩小数毫米。

几个儿： 衡量核桃大小最通用的指标，算的是核桃摆正后两边棱的最宽距离。如三个七，即 3.7cm。

窝底： 以脐儿为中心凹进去的核桃底座，窝底是一种很好的底座形式。

大边（厚边）： 核桃棱翼的宽度和厚度，一般来说都是越大越宽越好。

纹（纹路或纹理）： 核桃纹的粗细。纹路的好坏没有定论，但是核友们普遍认为纹路越深越好。

手头： 核桃的重量，在手中感觉越沉越好。

抓： "买"的意思，例如：我去潘家园抓对儿好核桃去。

打手： 核桃的分量重，揉的过程中有撞手的感觉。

配： 两只核桃组合成一对儿，叫配。例如：这对儿核桃配得绝了。

硌手： 品相极差的核桃，觉得用来揉很丢份儿，通常会说"硌手"。

品相： 核桃品质与相貌的综合概念。

四大名核： 一般指狮子头、虎头、官帽、公子帽四种文玩核桃。

核雕： 以杏核、橄榄核等果核或核桃雕刻的工艺品，极具观赏与盘玩价值。

沙仁（沙化）： 经过多年的盘玩，核桃仁粉碎成沙状。

老核桃： 已经盘出来且具有多年历史的核桃。

三进三出： 核桃颜色的变化，在把玩过程中，手上的油会被揉进核桃皮中，待核桃内部的体液饱和后会发生反油现象。油脂每进出一次，核桃的颜色就会更深一些，这样反复三次之后，核桃就红了。